Ein Geschenk für

mit den besten Wünschen von

Bestell-Nr. RKW 772

© 2009 by Reinhard Kawohl 46485 Wesel
Verlag für Jugend und Gemeinde

Texte, Fotos und Zusammenstellung: Petra Würth

Gestaltung: RKW

Druck und Bindung: PROOST, Belgien

ISBN: 978-3-88087-772-6

www. kawohl .de

7 Wochen achtsam unterwegs

Den Augenblick spüren

Petra Würth

Vorwort

Sie haben sich entschlossen, sich auf den Weg zu machen. Sie sind eingeladen Ihr Tempo bewusst zu verlangsamen, Ihre Wahrnehmung ganz neu zu entdecken und zu intensivieren und den Augenblick zu spüren.

Verschiedenste Impulse, Übungen, Texte und Bilder, werden Sie Schritt für Schritt auf Ihrem Weg nach innen anleiten und Sie dahin begleiten, mehr im „Hier und Jetzt" zu leben.

Sie werden sich selbst und dem, was Ihnen wichtig ist, näher kommen. Darüber hinaus werden Sie auch die Spuren Gottes in Ihrem Leben neu entdecken und gestärkt Ihren Mitmenschen neu begegnen können.

„Sieben Wochen achtsam unterwegs", das heißt: sieben Wochen mit täglich ca. 10 Minuten für sich selbst. Dabei spielt es keine Rolle, ob Sie die Möglichkeit haben, in Stille für sich zu sein oder ob Ihnen nur die Mittagspause im Büro bleibt. Die Impulse sind so gehalten, dass Sie sich diese zu jeder Zeit an jedem Ort gönnen können.

Haben Sie Mut, seien Sie erfinderisch – 10 Minuten aus 24 Stunden, für Sie ganz persönlich!

Praktisches:

Die Übungen sind einfach und kurz gestaltet,
so dass Sie diese ohne Probleme alleine ohne Anleitung
durchführen können. Dazu ist es hilfreich, zuerst die Übung
zu lesen, bevor Sie mit dem Üben beginnen.

Es ist sinnvoll, sich am Abend vorher kurz anzuschauen,
ob am nächsten Tag etwas Spezielles gebraucht wird,
z.B. ein Glas Wasser, ein Blatt Papier …

An manchen Tagen gibt es meditative Texte,
die es ermöglichen Ihre Erfahrung zu intensivieren.

Ich wünsche Ihnen viel Freude auf Ihrem Weg nach innen,
beim Entdecken all dessen, was an Schätzen in Ihnen
schon vorhanden ist und beim Aufspüren von neuen,
die ihr Leben bereichern.

                                                      Petra Würth

Inhaltsverzeichnis

Vorwort		8
1. Woche	Anfangstag	12
	Atem	14
	Blick	16
	Hören	18
	Gehen	20
	Trinken	22
	Essen	24
2. Woche	Hand	26
	Gesicht	28
	Rücken	30
	Körpermitte	32
	Bei mir sein	34
	Füße	36
	Körpersegen	38
3. Woche	Stand	40
	Stützen	42
	Körpergefühl	44
	Baum	46
	Wurzeln	48
	Krug	50
	Geschenktes	52
4. Woche	Mich spüren	54
	Augenblick	56
	Wo bin ich?	58
	Wohlfühlort	60
	Unterwegs bleiben	62
	Zeit	64
	Sehnsucht	66

Inhaltsverzeichnis

5. Woche	Innen und Außen	68
	Vorgänge	70
	Kleinigkeiten	72
	Im Augenblick sein	74
	Mir liegt auf der Seele	76
	Balance	78
	Wo es mich hinzieht	80
6. Woche	Im Nebel	82
	Schmerzhaftes	84
	Da sein	86
	Rast	88
	Getragen	90
	Im Herzen	92
	Dialog	94
7. Woche	Gegensätzliches	96
	Pole	98
	Die andere Seite	100
	Augenblick	102
	Wandel	104
	Spüren	106
	Landkarte	108
Abschlusstag	Fest	110
Notizen		112-122
Zur Autorin		123

1. Woche — Anfangstag

Sie sind eingeladen Ihre Gedanken heute eine Weile bewusst in eine Richtung zu lenken.

Lesen Sie den folgenden Text langsam, Zeile für Zeile, mal laut, mal leise.

Nehmen Sie das Wort, das Sie am meisten berührt, mit in Ihren Tag. Wählen Sie nicht lange aus, entscheiden Sie sich spontan.

Nehmen Sie dieses Wort oder den Satz mit in Ihren Alltag und lassen Sie es in Ihrem Innern immer wieder auftauchen, in unterschiedlichen Situationen und Begegnungen.

*Anfangen
heute
jetzt
hier
ich
mit mir

mich darin üben
immer nur
den nächsten Schritt
zu machen

heute
ein Schritt
nicht gleich der ganze Weg

nur
den ersten Schritt*

1. Woche   Atem

Ziehen Sie sich etwas zurück an einen Ort, der es Ihnen möglich macht, eine Weile für sich zu sein.

Setzen Sie sich bequem hin und nehmen Sie einige Atemzüge lang ganz bewusst Ihren Atem wahr.

Spüren Sie, wie sich Ihr Brustkorb dabei hebt und senkt.

Begleiten Sie Ihre Atemzüge eine Weile lang mit den gedachten Sätzen „Ich atme ein – ich atme aus".

Nehmen Sie sich anschließend noch einen Moment Zeit, den Impulstext, laut oder leise, langsam zu lesen.

Ich lausche
meinem Atem

er kommt und geht
ohne mein Zutun

ich atme ein
ich atme aus
ganz von selbst

ein Geschenk
an mich

mein Atem
füllt mich mit Leben

ich lausche und spüre
in mich

1. Woche Blick

Haben Sie schon einmal versucht, ganz bewusst nur zu schauen? Einfach nur hinschauen und wahrnehmen, was Sie sehen, ohne Beurteilung, ohne Wertung, ohne Interpretation?

Versuchen Sie das heute an einem Ort, den Sie sich selber wählen.

Nehmen Sie wahr was Sie sehen, die Farben und Formen ... als sähen Sie es zum ersten Mal, wie mit den Augen eines kleinen Kindes. Wenn Sie versucht sind, sich ein Urteil zu bilden, kehren Sie ganz bewusst zum einfachen Schauen zurück.

Lassen Sie sich Zeit, um bei den einzelnen Dingen einige Augenblicke zu verweilen.

Anschließend können Sie Ihre Erfahrung mit dem folgenden Text vertiefen.

Heute
jetzt
einige Augenblicke lang
heraustreten
aus dem Trott
aus der Hetze
aus der Jagd

einige Minuten lang
bewusst schauen

meinen Blick ruhen lassen
ohne Wertung
ohne Urteil
ohne Eile

1. Woche — Hören

Suchen Sie einen Ort auf, an dem Sie für einige Minuten mit geschlossenen Augen sitzen können.

Vielleicht gefällt es Ihnen draußen ... oder in einem Zimmer mit geöffnetem Fenster ...

Nehmen Sie sich einige Minuten Zeit und lauschen Sie mit geöffneten Augen auf die Geräusche, die Sie umgeben.

Nehmen Sie die Töne bewusst wahr, ohne sie festhalten zu wollen, ohne festzulegen, was Sie hören, ohne einzuordnen oder zu werten.

Versuchen Sie einfach nur zu lauschen.

Probieren Sie das gleiche mit geschlossenen Augen.

Nehmen Sie den Unterschied wahr zum Lauschen mit geöffneten Augen.

Lassen Sie sich Zeit, die jeweiligen Geräusche nacheinander zu hören, und nehmen Sie wahr, wie die unterschiedlichen Töne fast wie von selbst in den Vordergrund treten.

Lärm
Geräusche
prasseln auf mich ein
Stunde um Stunde

heute
nehme ich mir
die Freiheit
zu lauschen

und erlebe
wie aus
Geräuschen
Töne werden

ich horche
welche Melodie
um mich herum tönt

1. Woche   Gehen

Gehen Sie heute zu einem kleinen Spaziergang nach draußen in die Natur, in einen Park oder Wald, in eine ruhige Straße, auch wenn das Wetter Sie nicht gerade dazu einlädt.

Lesen Sie, bevor Sie losgehen, die folgende Anleitung und gehen Sie mit diesen Gedanken eine Weile auf Ihrem Weg.

Beim Gehen spüre ich
den Boden unter meinen Füßen.

Ich spüre nach,
ob der Boden hart oder weich ist.

Gibt er unter meinen Schritten nach –
oder spüre ich einen festen Widerstand bei jedem Schritt.

Welche Geräusche machen meine Schritte?

Hinterlasse ich Spuren?

Ich experimentiere mit meiner Gangart –
langsam, schneller,
vielleicht hüpfend … was fällt mir noch ein? …

Ich setze einen Fuß vor den anderen
und denke immer nur an den nächsten Schritt.

1. Woche — Trinken

Hinweis:
Heute benötigen Sie für Ihre persönlichen 10 Minuten
ein Glas Mineralwasser zum Trinken.

Lassen Sie die verschiedenen Gelegenheiten, in denen Sie Wasser gebrauchen, vor Ihrem geistigen Auge auftauchen.

Trinken Sie einen Schluck aus Ihrem Glas in dem Bewusstsein, dass Wasser die Grundlage allen Lebens, auch Ihres eigenen ist.

Schmecken Sie den Geschmack des Wassers, das Prickeln, die Erfrischung, die Wohltat.

Nehmen Sie wahr, welche Gedanken und Empfindungen in Ihnen auftauchen.

Wasser
lebendiges
lebenswichtig
kostbar

Element
der Erde
auch in mir

Gott
schenk lebendiges Wasser

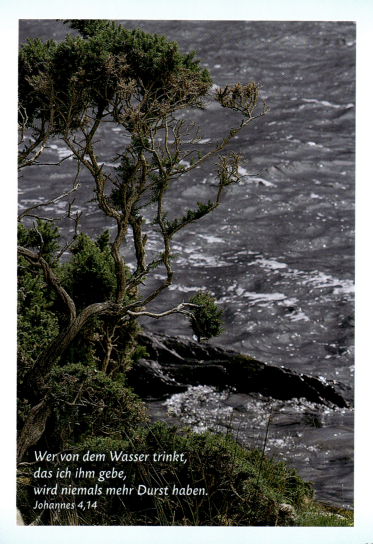

1. Woche — Essen

Materialhinweis:
Sie benötigen heute ein Obst Ihrer Wahl.

Es geht darum, einen alltäglichen Vorgang ganz bewusst zu tun. Nehmen Sie sich Zeit und lassen Sie die aufgeführten Schritte langsam aufeinander folgen:

- Nehmen Sie Ihr Obst mit geschlossenen Augen in die Hand und spüren Sie, wie es sich anfühlt.
- Danach mit geschlossenen Augen riechen.
- Wenn Sie Ihr Obst schälen müssen, tun Sie das langssam und bewusst und riechen Sie, wie sich der Duft verändert.
- Nehmen Sie anschließend mit geschlossenen Augen einen Biss, kauen und schmecken Sie ganz bewusst.

Welche Entdeckungen haben Sie gemacht?

*Geschmack schmecken
statt konsumieren
verkosten
statt ungekaut schlucken*

*Wertvolles
wertschätzend berühren
Alltägliches
neu werden lassen*

2. Woche   Hand

Sie sind eingeladen, beim Innehalten Ihre Hände neu zu entdecken.

Ihre rechte Hand erkundet die linke Hand
als hätte Sie ein Eigenleben, so als wäre es das erste Mal.
Sie entdecken Ihre linke Hand neu.
Nehmen Sie sich ausgiebig Zeit Ihre linke Hand zu erkunden,
zu fühlen,
zu tasten,
zu betrachten ...
Danach tun Sie das Gleiche
mit der rechten Hand.

Ich trage Spuren
meines Lebens
an meinen Händen

manche Verletzung
nie ganz verheilt
eine Narbe blieb zurück

manche Falte
tiefer als ich sie in Erinnerung hatte

*meine Hände
erzählen Geschichten
aus meinem Leben
vom Geben und Nehmen
vom Handeln und Ausruhen
vom Bitten und Danken
unverwechselbar
meine Hände*

*Sieh her:
Ich habe dich eingezeichnet
in meine Hände.* **Jesaja 49,16**

2. Woche Gesicht

Nehmen Sie sich heute Zeit,
mit Ihren Händen
Ihr Gesicht neu zu entdecken.

Lassen Sie
mit geschlossenen Augen
Ihre Fingerspitzen vorsichtig
über Ihr Gesicht wandern.

Beginnen Sie an der Stirn
und ertasten Sie die Formen,
die Sie unter Ihren Fingern erspüren.

Nehmen Sie sich dazu
genügend Zeit zum hinspüren.

Falls Ihnen eine Berührung
besonders gut gefällt,
können Sie diese auch
öfter wiederholen und genießen.

Lassen Sie Ihren Atem dabei
ruhig in den Bauchraum fließen.

*Mein Gesicht
ganz neu erspürt*

*mein Gesicht
Spiegel meines Lebens*

*Gelebtes und Ungelebtes
Geliebtes und Abgelehntes*

*mein Gesicht
gehört zu mir
mein Freund und Begleiter
ich darf mich annehmen
wie ich bin*

2. Woche   Rücken

Suchen Sie einen Platz, an dem Sie sich
mit Ihrem Rücken an die Wand lehnen können.

Spüren Sie den Kontakt zur Wand in Ihrem Rücken,
versuchen Sie durch kleine Bewegungen den gesamten
Rücken in Ihre Wahrnehmung mit einzubeziehen:
Von den Schultern bis zum Becken und auch die Seiten.

Nehmen Sie Ihren Rücken als Ganzes wahr und gönnen
Sie ihm einige Minuten des Anlehnens. Wenn Sie möchten,
halten Sie die Augen dabei geschlossen und nehmen Sie
wahr, was Sie spüren, wenn Sie sich gestatten sich
anzulehnen.

Auch der stärkste Rücken
braucht jemanden
zum Anlehnen

keiner kann immer
alles tragen

manchmal tut es gut
zu wissen und zu spüren
ich darf mich zurücklehnen
und durchatmen

2. Woche — Körpermitte

Spüren Sie heute Ihre Körpermitte.

Legen Sie beide Hände auf Ihre Leibmitte.

Schließen Sie die Augen und spüren Sie
die Bewegungen Ihres Leibes beim Atmen
und die Wärme Ihrer Hände.

Bleiben Sie so eine Weile sitzen
und machen Sie sich bewusst,
dass Ihr Leib ein Wunderwerk ist.

So vieles funktioniert in Ihnen täglich
ohne Ihr zutun.
Werden Sie sich bewusst:
„Ich bin in einem Wunder zu Hause."

Nehmen Sie sich für diese Übung
einige Minuten Zeit.

Ich bin ein Wunder

ein Geschenk
des Schöpfers an mich

ich darf dankbar sein
auch wenn nicht immer alles
meinen Vorstellungen entspricht

ich bin ein Wunder

2. Woche   Bei mir sein

Bei mir sein und mich wohl fühlen

Setzen Sie sich an einen Ort, an dem Sie für eine Weile ungestört sein können.

Spüren Sie zunächst, wie Sie sitzen.
Wo hat Ihr Körper Kontakt zur Sitzgelegenheit,
wo zum Boden?

Lassen Sie Ihren Atem durch Ihren Körper fließen
und spüren Sie nach,
wo Sie angenehme Körpergefühle wahrnehmen.
Lenken Sie Ihre Aufmerksamkeit dorthin,
wo es sich angenehm und wohlig anfühlt.
Benennen Sie den Ort und das Gefühl, z.B.
„ich spüre ... an meinem ...",
und verweilen Sie einige Augenblicke bei diesem Gefühl,
schenken Sie ihm Ihre Aufmerksamkeit.

Lassen Sie die Gedanken,
die sich einstellen,
kommen und wieder gehen
und kehren Sie immer wieder
zu Ihren angenehmen Körperempfindungen zurück.

Nehmen Sie sich dazu so viel Zeit, wie Sie möchten.

2. Woche   Füße

Schenken Sie heute Ihren Füßen besondere Aufmerksamkeit.

Nehmen Sie im Sitzen oder Stehen bewusst Kontakt
zum Boden und zu Ihren Füßen auf,
am besten ohne Schuhe.

Bewegen Sie Ihre Füße etwas an dem Ort,
an dem Sie stehen, so dass Sie die Fußränder und
die Fußmitte bewusst wahrnehmen.

*Deine Füße tragen dich
seit dem Beginn deines Lebens
sie tragen deinen Körper
zu den Orten zu denen es dich zieht*

*sie gingen schon Wege mit dir
die ausgetreten waren
auf denen viele vor dir gegangen sind
aber sie haben mit dir auch schon
eigene Wege gefunden
manchmal mühsam und zögernd
Neuland betreten*

*steinige Wege und Blasen
blieben ihnen nicht erspart*

*Sand und Wellen
Tau auf frischem Gras
haben sie so manches Mal
wieder mit dem Leben versöhnt*

*ganz gleich aber
auf welchen Wegen
sie tragen dich
und Einer trägt dich*

Gott sei Dank

2. Woche — Körpersegen

In den vergangenen beiden Wochen haben Sie verschiedene Sinne und Teile Ihres Körpers bewusst wahrgenommen.

Heute sind Sie eingeladen, Ihren Körper zu segnen.

Im Segen verbunden finden sich Dank und Freude über ein Geschenk und gleichzeitig Bitte um Kraft, Schutz und Bewahrung des Gesegneten. Die Segensgeste symbolisiert, dass Gott uns im Segen berührt und sich uns zuwendet.

Wenn Sie den folgenden Segen Ihren einzelnen Körperteilen zusprechen, legen Sie jeweils eine oder beide Hände auf den genannten Teil.

Sie können sich, bevor Sie weitermachen, einige Atemzüge lang Zeit lassen, der Berührung nachzuspüren.

*Gesegnet sei mein Kopf
in dem alle meine Gedanken
und meine Phantasie zu Hause sind*

*gesegnet sei mein Gesicht
mit Lachen und Weinen
und all dem Ausdruck meiner Gefühle*

*gesegnet seien meine Schultern
die sich manchmal unter der Last beugen
die sie für mich tragen*

*gesegnet seien meine Arme und Hände
beim Arbeiten und beim Streicheln*

*gesegnet sei mein Rücken
der mich aufrecht hält und mir Stütze gibt*

*gesegnet sei mein Leib
der mich am Leben hält*

*gesegnet seien meine Beine
die mit mir durchs Leben gehen
springen, laufen und tanzen*

*gesegnet seien meine Füße
die mir Standfestigkeit und Halt geben
mich mit der Erde verbinden*

*ich richte mich auf
zwischen Himmel und Erde
gesegnet*

3. Woche   Stand

Ein Experiment zum Stand

Stehen Sie aufgerichtet,
mit beiden Füßen gut auf dem Boden.

Auch wenn Sie nichts weiter tun als zu stehen,
werden Sie feststellen, dass Sie nach einer Zeit
wie von selbst anfangen leicht zu schwanken.

Weiten Sie diese natürliche Bewegung langsam aus,
indem Sie, ausprobieren, wie weit Sie sich nach vorne
bzw. zur Seite beugen können. Die Füße bleiben
am gleichen Ort stehen.

Je weiter ich mich
von meiner Mitte entferne
um so unsicherer wird mein Stand

jeder Windhauch
droht mich umzuwerfen
ich bin
hin- und hergerissen
verliere die Richtung

mich bewegen
geht nur
aus sicherem Stand

3. Woche — Stützen

Halt im Leben
finden wir durch die Wurzeln
die wir entwickelt haben
aber nicht nur

es gibt auch vieles anderes
was für unser Leben grundlegend ist
was uns Halt gibt
woran wir uns aufrichten und halten können

hilfreiche Stützen
mit denen wir uns umgeben
die einiges aushalten
und tragfähig sind

Welche Stützen haben Sie in Ihrem Leben
schon als hilfreich erlebt?

Notieren Sie zwei,
die Ihnen spontan einfallen,
jede auf einen eigenen kleinen Zettel.

Spüren Sie Ihren Empfindungen nach,
die Sie dabei bewegen.

Wenn Sie möchten, können Sie alle Zettel
in einen Umschlag oder ein kleines Kästchen tun,
um jederzeit darauf zurückgreifen zu können oder
Sie bei Gelegenheit auch zu ergänzen.

3. Woche — Körpergefühl

Suchen Sie sich eine bequeme Gelegenheit zum Sitzen.

Schließen Sie die Augen,
lassen Sie Ihren Atem in Ihren Bauchraum fließen.
Spüren Sie in Ihren Körper.

Suchen Sie in Ihrem Körper eine Stelle auf,
an der Sie gerade ein gutes, angenehmes Gefühl spüren.
Das kann eine kleine Winzigkeit sein.
Nehmen Sie dieses gute Gefühl bewusst wahr,
schenken Sie ihm Ihre ganze Aufmerksamkeit.
Wenn möglich, lassen Sie das angenehme Gefühl
sich ausbreiten.
Wichtig ist, dass Sie es wahrnehmen und mit Ihrer
Aufmerksamkeit eine Zeit lang dabei verweilen.

Nehmen Sie die Erinnerung daran, wie gut es sich
angefühlt hat, mit in Ihren Tag.

3. Woche   Baum

Eine Baumübung

Bringen Sie heute Ihre Phantasie ins Spiel.

Stehen Sie aufrecht, so dass Sie einen guten Stand haben.

Stellen Sie sich einen Ort vor, an dem Sie als Baum stehen möchten.

Dann stellen Sie sich vor, wie Sie sich nacheinander, angefangen von den Füßen, in einen Baum verwandeln und dann Stück für Stück vom Kopf her wieder zurück in die Person, die Sie sind.

Gehen Sie langsam vor und verwenden Sie viel Zeit darauf, sich vorzustellen, wie Ihre Füße Wurzeln schlagen, die sich im Boden ausbreiten, in die Tiefe und zur Seite.

Dann gehen Sie nacheinander durch Ihren Körper: Beine und Rumpf werden zum Stamm, mit Rinde … Arme und Kopf werden zur Baumkrone, Ästen, Verzweigungen und Blättern.

Spüren Sie eine Weile nach, wie es sich anfühlt, ein Baum zu sein, aufgerichtet und verwurzelt. Dann verwandeln Sie sich vom Kopf her wieder zurück in den Menschen, der sie sind.

3. Woche — Wurzeln

Wurzeln
sind der Teil der Pflanze
mit der sie Nahrung aufnimmt
Wurzeln
ermöglichen es ihr
sich festzumachen an einem Ort
so dass nicht jeder Wind sie wegbläst

Wurzeln
sind die Bedingung dafür
dass Wachstum geschehen kann
dass Knospen blühen
dass Früchte reifen
Wurzeln
gibt es große und feste
aber auch kleine weitverzweigte
von dick bis fast unsichtbar
aber alle wichtig

Wurzeln
sind der Teil der Pflanze
den man nicht sieht
und der doch so wichtig ist

Lassen Sie Ihre Gedanken schweifen zu Ihren Wurzeln – den großen starken, den kleinen verzweigten und denen, die Sie gerne etwas mehr zum Wachsen bringen möchten …

3. Woche   Krug

Stellen Sie sich vor,
Sie bewahren alles, was Ihnen
lebenswichtig ist,
in einem Krug auf.

Was würden Sie alles
in diesen Krug füllen?

Was brauchen Sie
für Ihr Leben,
damit es blühen
und gedeihen kann?

Woraus schöpfen Sie?

Nehmen Sie sich heute Zeit,
darüber nachzudenken
und konkret zu benennen,
vielleicht auch aufzuschreiben,
was Ihnen an Lebenswichtigem
in den Sinn kommt.

3. Woche   Geschenktes

Hinweis:
Für den heutigen Tag benötigen Sie eine Hand voller
kleiner Dinge, die Sie bequem in einer Tasche Ihrer
Kleidung mit sich tragen können, z.B. Haselnüsse,
Bohnen, Erbsen, Streichhölzer o.ä.

In den letzten Tagen haben Sie viel Zeit darauf verwendet,
sich bewusst zu machen, was wichtig in Ihrem Leben ist.

Sicher kam Ihnen von Zeit zu Zeit auch ins Bewusstsein,
was Ihnen gefehlt hat, wo es einen Mangel gab,
aber das Augenmerk lag ganz konkret
auf den Schätzen, die Sie reich machen.

Heute nun sind Sie eingeladen,
diesen Tag zu erleben, aus der Sicht eines Beschenkten.

Legen Sie in eine linke Kleidungstasche eine
Handvoll Nüsse oder Bohnen o.ä. ...
Gehen Sie heute besonders achtsam durch den Tag
und für jedes Mal, wenn Sie beschenkt wurden,
sei es eine noch so kleine Begebenheit,
stecken Sie eine Nuss von der linken Tasche in die rechte.

So wird Ihnen im Lauf des Tages bewusst werden,
wie viel Ihnen geschenkt wird.

Achten Sie vor allem auf die kleinen Dinge, die Sie sonst leicht
übersehen, ein Lächeln, ein freundlicher Gruß ...

> Dankt dem Herrn,
> denn er ist gut zu uns!
> Seine Liebe hört niemals auf!
> Psalm 136,1

*Zwischen
all den vielen
alltäglichen Kleinigkeiten
die Wunder
entdecken*

*kleine Zeichen
der Wertschätzung
der Zuneigung
der Liebe*

und dankbar werden

4. Woche — Mich spüren

Schließen Sie die Augen und nehmen Sie Kontakt zu Ihren Körperempfindungen auf.
Nehmen Sie wahr, wie sich Ihr Körper anfühlt.

Spüren Sie, was sich unangenehm und was sich angenehm anfühlt und lenken Sie Ihre Aufmerksamkeit dann bewusst zu einer angenehmen Stelle.

Spüren Sie das angenehme Gefühl konkret und benennen Sie es, z.B. warm, weit, leicht ...

Verweilen Sie bei diesem Gefühl und gönnen Sie Ihrem Körper und Ihrer Seele einige Augenblicke diese „Streicheleinheit".

Tipp:
Diese kleine Übung kann Ihnen ohne großen Aufwand helfen, im Alltag Ihren Stresspegel zu senken; nutzen Sie einfach ein paar freie Minuten dafür, so können Sie sie ohne Probleme in Ihren Tagesablauf einfügen.

4. Woche — Augenblick

In Gedanken bin ich weit weg.

Kennen Sie diesen Satz?
In unserer schnelllebigen Welt
ist es fast schon zur Gewohnheit geworden,
immer schon beim Nächsten und Übernächsten
zu sein anstatt mit allen Sinnen bei dem,
was ich gerade tue.

Nehmen Sie sich einige Minuten Zeit,
sich irgendwo hin zu setzen und sich nur alleine
mit Ihrem „Hier sitzen" zu befassen.
Wo sitzen Sie, wie sitzen Sie, was spüren Sie
dabei in Ihrem Körper.
Lenken Sie Ihre Gedanken, die sicherlich
anfangen nachzudenken, immer wieder
zu dem Satz: „Jetzt sitze ich hier."

Beenden Sie nach einigen Minuten die Übung
ganz bewusst, in dem Sie aufstehen, sich Ihren
Sitzplatz ansehen und lassen Sie nachklingen,
wie es Ihnen mit der Übung ergangen ist.

Tipp:
Wenn Sie möchten, können Sie das im Laufe des Tages
immer wieder bei den verschiedensten Tätigkeiten
wiederholen:
„Jetzt tue ich …"

*Lebe den Augenblick
er ist immer einmalig
unwiederbringlich*

Glück gibt es nicht im 24-Stunden-Dauerpaket

*im Alltäglichen
stecken die Momente
die das Leben reich machen*

4. Woche — Wo bin ich?

Nehmen Sie sich heute Zeit, dieses Bild in den folgenden Schritten zu betrachten.
Beginnen Sie bei Schritt 1 und gehen Sie erst nachdem Sie ihn durchgeführt haben zum nächsten.

1. Nehmen Sie wahr, was Sie sehen, ohne das Bild zu deuten. Bleiben Sie ganz bewusst bei: „Ich sehe ..."

2. Spüren Sie nach, welche Gefühle das Bild in Ihnen weckt.

3. Wenn Sie selbst einen Platz auf diesem Bild hätten, wo wäre dieser? Auf dem Bild selbst oder in der Umgebung, die auf dem Ausschnitt nicht sichtbar ist?

4. Welche Gedanken treten beim Betrachten des Bildes in Ihr Bewusstsein?

5. Nehmen Sie das, was Sie am meisten angesprochen hat, mit in Ihren Tag, z.B. ein Gefühl, Ihren Platz, ein Gedanke, der Ihnen kam ...

4. Woche — Wohlfühlort

Hinweis:
Für den heutigen Tag benötigen Sie einige Buntstifte.

Eine Phantasiereise

Stellen Sie sich in Ihrer Phantasie einen Ort vor,
an dem Sie sich wohlfühlen.
Vielleicht kommt Ihnen einer in den Sinn, den Sie kennen
oder Sie erfinden einen, der Ihnen gefällt.

Stellen Sie sich diesen Ort ganz konkret vor.
Betrachten Sie auch die Details wie Himmel und Pflanzen.
Nehmen Sie sich Zeit, sich diesen Ort genau anzuschauen.
Verweilen Sie eine Weile dort und spüren Sie die Gefühle,
die in Ihnen aufsteigen.

Verabschieden Sie sich von dem Ort
und nehmen Sie in Ihrer Vorstellung einen Gegenstand mit,
der Sie an diesen Ort erinnert.

Sie können den Gegenstand, den Sie mitgenommen haben,
in nebenstehendem Rahmen aufschreiben oder skizzieren.

Er wird Ihnen helfen, Ihren inneren Wohlfühlort
in Ihrer Vorstellung immer, wenn Sie es möchten,
wieder aufzufinden.

4. Woche — Unterwegs bleiben

*Leben heißt
unterwegs sein*

*immer wieder
ist Entscheidung gefragt*

was jetzt?

*immer wieder
ein Schritt*

*von hier
nach dort*

*manchmal die Spur
neu finden*

*mit einem tiefen Atemzug
neue Räume betreten*

*und die Sehnsucht
wach halten*

*nach dem
Lebendigen*

*Du gibst mir Halt, du bietest mir Schutz.
Geh mit mir und führe mich,
denn du bist mein Gott*
Psalm 31,4

4. Woche — Zeit

Wechsel zwischen Ruhe und Tempo,
ein Experiment zur Zeit.

Finden Sie Ihre Ausgangsposition liegend,
sitzend oder stehend im Raum.
Schließen Sie die Augen und erlauben Sie sich,
nichts tun zu müssen.
Sie haben keine Aufgabe, kein Ziel,
Sie können einfach nur da sein und nichts tun.

Nach einigen Minuten wechseln Sie
zu einer Zeit, ebenfalls einige Minuten,
mit heftigen Bewegungen, z.B. Tanzen,
Hüpfen, schnelleres Gehen o.ä.

Kommen Sie dann wieder zur Ruhe.

Anregungen für Hinterher:
Wie haben Sie die unterschiedlich
„bewegte" Zeit empfunden und erlebt?
Welche Impulse haben Sie verspürt?

*Hin und her schwanken
zwischen verschiedenen Möglichkeiten*

*nicht spüren können
wohin mich meine Sehnsucht zieht*

*da hilft es das Gegenteil auszuprobieren
oder mir einfach nur vorzustellen*

*im deutlichen und bewussten Wahrnehmen der Unterschiede
wird klarer wonach ich mich sehne*

4. Woche   Sehnsucht

Aus einem Psalm Davids:

Gott!
Du bist mein Gott, dich suche ich!
Ich sehne mich nach dir mit Leib und Seele;
ich dürste nach dir
wie ausgedörrtes, wasserloses Land.
Psalm 63,2

David benennt ganz klar,
wonach er sich sehnt.

Was ist Ihre Sehnsucht?

Lenken Sie Ihren Blick auf das,
was hinter dem Fenster zu sehen ist.
Stellen Sie sich vor,
Sie blicken auf das Land
Ihrer Sehnsucht.

Was taucht in Ihrem Blickfeld auf?

Wenn Sie möchten, können Sie
dies stichwortartig notieren.

5. Woche — Innen und Außen

Versuchen Sie einige Minuten lang bewusst zwischen der Wahrnehmung innerer Empfindungen und äußerer Dinge zu pendeln.

Lenken Sie Ihre Aufmerksamkeit zuerst auf etwas in Ihrer Umgebung – und dann bewusst auf eine Ihrer Körperempfindungen –
dann wieder nach außen ... usw.

Lassen Sie Ihre Wahrnehmung ein paar Mal bewusst hin- und herpendeln.

Anschließend:
Welche Eindrücke haben Sie erfahren?
Sind Ihnen Beziehungen zwischen den Außen- und den Innenwahrnehmungen aufgefallen?

5. Woche — Vorgänge

Wie das Meer,
sind auch die Dinge um uns herum ständig in Bewegung.

Wir sind jedoch geneigt, die Sachen um uns herum wahrzunehmen, weniger die Vorgänge.

Probieren Sie heute aus, wie es sich anfühlt, die Sie umgebende Welt nicht als etwas Statisches wahrzunehmen, sondern als ein vielfältiges Geschehen von Vorgängen.
Versuchen Sie eher wahrzunehmen als festzustellen.

Spüren Sie den Unterschied zwischen den Formulierungen:
a) Ich höre den Vogel ...
b) Ich horche auf das Zwitschern ...

oder

a) Ich sehe die Wellen und den Fels ...
b) Ich sehe, wie die Wellen sich am Fels brechen

oder

a) Ich spüre die Sonne
b) Ich fühle, wie die Sonne meine Haut erwärmt

und so weiter ...

Nehmen Sie sich Zeit, Ihre Wahrnehmung
in dieser Art zu verändern.
Was verändert sich in Ihrem Gefühl?

5. Woche — Kleinigkeiten

Lass Sie sich beschenken
von den winzigen Kleinigkeiten
Ihres täglichen Lebens.

Spontan
einmalig
unverwechselbar

mach die Augen auf
und fang an
zu sehen

5. Woche — Im Augenblick sein

Sicher kennen Sie das:
„… die Zeit läuft mir davon …"

Oft geht es mir so,
weil ich nicht wirklich mit meiner ganzen
Aufmerksamkeit bei dem bin,
was ich gerade tue,
sondern schon beim
nächsten und übernächsten.

Probieren Sie heute aus,
was sich an Ihrer alltäglichen
Hektik ändert,
wenn Sie im Augenblick leben.

Sagen Sie sich: Jetzt tue ich dieses …
bis Sie damit fertig sind.
Richten Sie Ihre Aufmerksamkeit
auf den jeweiligen Vorgang
und nicht schon, auf das,
was Sie im Anschluss geplant haben.

Welche Erfahrungen machen Sie mit sich?

*Alles hat seine Stunde.
Für jedes Geschehen unter dem Himmel
gibt es eine bestimmte Zeit.*
Prediger 3,1

5. Woche — Mir liegt auf der Seele

Materialhinweis:
Heute benötigen Sie ein Blatt Papier und einen Stift.

Skizzieren Sie auf dem Papier die Umrisse eines Menschen
mit Kopf, Rumpf, Armen, Beinen, Händen, Füßen ...

Sicherlich kennen Sie Redewendungen wie:
- Mir liegt auf der Seele
- Mir sticht ins Auge
- Mir liegt auf den Schultern
- Das schlägt mir auf den Magen
- u.v.a.

Spüren Sie in Ihren Körper hinein und markieren Sie
auf Ihrer Skizze die Stellen Ihres Körpers, bei denen Sie
zutreffende Redewendungen für sich gefunden haben.

Schließen Sie die Übung ab, indem Sie sich bewusst
von den Füßen bis zum Kopf wahrnehmen,
sich strecken und aufrichten.
Lassen Sie Ihren Atem ganz bewusst
einige Augenblicke durch Ihren Körper
fließen und nehmen Sie sich als Ganzes wahr.

5. Woche — Balance

Schließen Sie im Stehen die Augen und versuchen Sie, für einige Minuten aufrecht und völlig ruhig an einem Platz zu stehen.

Nehmen Sie wahr, was Ihr Körper ganz automatisch tut.

In Balance bleiben
zwischen
vorwärts und rückwärts
oben und unten
An- und Entspannung

das richtige Maß finden
erfordert Aufmerksamkeit
nach innen und außen

wahrnehmen
wovon
wie viel
nötig ist

5. Woche   Wo es mich hinzieht

Der Evangelist Markus erzählt in seinem 10. Kapitel folgende Begebenheit:

Nach einem Besuch in Jericho verlässt Jesus die Stadt in einer großen Menschenmenge.

An der Straße sitzt ein blinder Bettler. Als dieser hört, dass es Jesus von Nazareth sei, der vorbeikommt, ruft er laut: „Sohn Davids, Jesus, hab Erbarmen mit mir!"

Die umstehenden Leute werden ärgerlich und versuchen, ihn zum Schweigen zu bringen.
Aber Bartimäus lässt sich nicht beirren und ruft nur noch lauter. Die eindringlichen Rufe dringen an Jesu Ohr und er lässt Bartimäus zu sich rufen.
Bartimäus springt auf, wirft seinen Mantel ab und beeilt sich zu Jesus hin zu kommen und Jesus fragt ihn: „Was soll ich dir tun?"

Bartimäus antwortet: „Mein Meister, ich möchte wieder sehen können."

Und Jesus antwortet ihm:
„Geh, dein Glaube hat dir geholfen."
nach Markus 10,46-52

Anregung:
Schlüpfen Sie in Ihrer Vorstellung in die Rolle des Bartimäus und stellen Sie sich vor Ihrem inneren Auge den Schauplatz der Erzählung vor. Wie ist das für Sie, am Straßenrand als blinder Bettler? Wie lange sitzen Sie schon dort? Fühlen Sie sich in die entsprechende Körperhaltung ein, wie fühlen Sie sich? Da hören Sie die Menschenmenge, Sie wissen zunächst nicht, wer da alles auf der Straße geht. Was geht in Ihnen vor, als Ihnen klar wird, wer da kommt?
Was bedeutet das für Sie und Ihre Situation? Sie rufen – welche Erfahrung machen Sie mit dem Rufen? Wie verändert sich Ihre Körperhaltung? Jesus bittet Sie zu sich. Sie begegnen ihm, er spricht mit Ihnen. Sie können wieder sehen.

Was verändert sich in Ihrer Körperhaltung, in Ihrem Gefühl, was geht in Ihnen vor? Kennen Sie ähnliche Erfahrungen aus Ihrem persönlichen Leben?

6. Woche — Im Nebel

Menschen im Boot

aufkommender Nebel
schlechtes Wetter
wenig Sicht

wo
ist Orientierung

was hilft mir

die Richtung finden
manövrieren
weiterfahren

manchmal sind Strömungen
unberechenbar

unbekannte Ufer

Anregung:
Stellen Sie sich vor,
Sie durchblättern das Logbuch Ihres Lebens
auf der Suche nach dem, was Ihnen schon einmal hilfreich
Orientierung gegeben hat – was finden Sie dort?

6. Woche — Schmerzhaftes

*Manches
geht nicht
spurlos vorüber*

es bleiben Narben

außen und innen

*die einen
ungeliebt
erduldet
gezwungenermaßen hingenommen*

*die anderen
angenommen
durchlitten
verwandelt*

manches noch auf dem Weg

*es dauert seine Zeit
bis die Blätter
weiter wachsen*

*diese Zeit
darf sein*

Anregung:
Gehen Sie heute durch Ihren Tag in dem Bewusstsein
„Ich darf mir die Zeit lassen, die ich brauche."

6. Woche — Da sein

Mag sein, dass Ihnen heute noch einige Gedanken
nachhängen, die Sie in den letzen Tagen bewegten.

Lassen Sie alle da sein.

Heißen Sie alle willkommen
wie alte Freunde
auch die,
die Ihnen eher unangenehm sind.

Alte Freunde haben manchmal die Angewohnheit,
zu unpassenden Zeiten aufzutauchen.

Und dann machen Sie eine Übung,
die Ihnen schon bekannt sein dürfte:

Spüren Sie in Ihren Körper,
nehmen Sie wahr, was Sie spüren
Angenehmes und Unangenehmes.
Lassen Sie beides da sein
und lenken Sie Ihre Aufmerksamkeit
zu einer angenehmen Stelle in Ihrem Körper.
Wie fühlt es sich dort an?
Verweilen Sie eine Zeit lang
und beenden Sie die Übung,
wann Sie möchten.

6. Woche — Rast

Nehmen Sie sich heute
eine Weile Zeit,
ganz bewusst innezuhalten,

in dem Bewusstsein,
dass Sie schon
so manchen steinigen
und steilen Weg
in Ihrem Leben gemeistert haben.

Finden Sie Ihren Platz auf dem Bild:

Auf dem Weg stehend, gehend,
am Wegrand sitzend …

Vielleicht sind Sie schon
auf dem Gipfel, so dass Sie
nicht mehr auf dem Foto zu sehen sind
oder noch viel weiter unten
und Sie beobachten das Geschehen
aus der Ferne.

Vielleicht haben Sie
abseits des Weges eine Decke
und Ihr Picknick ausgebreitet
zu einer ausgiebigen Rast.

Finden Sie Ihren Platz
und würdigen Sie die Strecke, die Sie schon zurückgelegt haben,
und Ihre Anstrengung und Ihr Durchhaltevermögen.

6. Woche   Getragen

Suchen Sie heute einen Ort auf,
an dem Sie bequem liegen können,
vorzugsweise auf dem Boden und auf dem Rücken.

Nehmen Sie eine bequeme Lage ein,
in der Sie sich entspannen können.

Spüren Sie
bei den Füßen beginnend bis zum Kopf,
wo Ihr Körper den Boden berührt.

Lassen Sie Ihren Atem in Ihrer Vorstellung
durch Ihren ganzen Körper fließen.

Spannen Sie nacheinander
wieder bei den Füßen beginnend
Ihre verschiedenen Körperteile an
und lassen Sie dann bewusst locker.

Bleiben Sie noch eine Weile liegen
und nehmen Sie bewusst wahr,
dass der Boden
Sie trägt.

6. Woche Im Herzen

*Was alles
hat Platz
in Ihrem Herzen?*

*Menschen
Ereignisse
Erinnerungen*

*Farben
Düfte
Gefühle*

*was
ist Ihnen
so wichtig
wertvoll
kostbar*

*dass es
einen festen Platz
in Ihrem Herzen hat?*

*welche Schätze
tragen Sie in sich?*

6. Woche Dialog

Stellen Sie sich vor,
an einem warmen Sommertag
treffen sich
in einem Garten

Ihre Unsicherheit,
Ihr Lebensmut
und Ihre Lebensfreude.

Diese sitzen auf drei Stühlen
und sprechen miteinander
darüber,
wie Sie sich so fühlen
in Ihrem Leben.

Lassen Sie
in Ihrer Phantasie diesen Dialog
vor sich entstehen.

Was haben Sie wahrgenommen?

7. Woche — Gegensätzliches

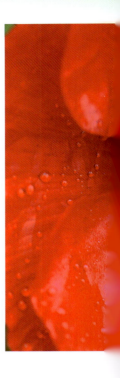

Die folgende Übung können Sie entweder durch den Raum gehend oder an einem Ort sitzend durchführen.

Betrachten Sie die Dinge, die Sie umgeben, z.B. Fenster, Tür, Tapete, Foto, Postkarte …

Auf den ersten Blick erscheint jedes Ding als Ganzes.
Beim zweiten Blick werden Sie feststellen, dass das „Ding" verschiedene Gegensätze in sich vereint und erst dadurch Wirkung erzielt.

So wird das Fenster
erst dadurch zum Fenster,
dass es nicht nur Glas,
sondern auch einen Rahmen hat.
Wenn Sie drauf schauen,
können Sie beides wahrnehmen,
Helles und Dunkles.

So ist es mit vielen Dingen und Kleinigkeiten in Ihrer Umgebung.

Schauen Sie heute mit einem bewussten Blick für die Gegensätzlichkeiten in „in den Dingen" auf Ihre Umgebung.

7. Woche — Pole

Auch in uns
vereinen wir Gegensätzlichkeiten.

Verschiedene Pole,
zwischen denen wir uns bewegen,
die uns zu dem machen,
was und wer wir sind.

Manche sind uns bewusst,
manche nicht;
die einen lieben wir,
die anderen verstecken wir lieber.

Doch wie Licht nicht ohne Schatten
existiert und der Himmel
nicht ohne die Erde,
so sind auch wir selbst nur halb,
wenn wir nur eine Seite leben.

Finden Sie eine Seite an sich,
die Sie sehr mögen.

Dann versuchen Sie herauszufinden,
was dazu der Gegenpol ist.

Lassen Sie sich von beiden durch Ihren
Tag begleiten und nehmen Sie wahr, wie
Sie immer wieder von einem Pol
zum anderen wechseln.

7. Woche Die andere Seite

Kennen Sie das,
sich wie ein Boot auf dem Trockenen
zu fühlen?

Manchmal passiert mir das,
wenn ich über lange Zeit
damit beschäftigt bin,
der Welt immer nur meine
„Schokoladenseite" zu präsentieren.

Absolut anstrengend
und Kräfte zehrend,
immer nur
„mein freundliches Gesicht"
zu leben
und die andere Seite
unter Verschluss zu halten.

Kennen Sie solche Seiten an sich?

Wagen Sie heute ein Experiment
und erlauben Sie sich,
auch ab und an
die andere Seite
in Ihr Leben hereinzulassen.
Nehmen Sie wahr,
wie es Ihnen damit geht.

7. Woche — Augenblick

Heute
hier und jetzt
bin ich

von Gestern
bleiben Spuren

von Morgen
keine Gewissheit
nur Wünsche und Hoffnungen

nur jetzt
bin ich
ganz

nur heute
lebendig

hier
jetzt

nur der Augenblick
atmet
Leben

Anregung:
Versuchen Sie heute vor allem im Augenblick zu sein.
Wenn Sie mit Ihren Gedanken schon zu morgen oder zur
Vergangenheit abgleiten, kommen Sie bewusst ins Hier
und Jetzt zurück.

7. Woche — Wandel

*Ich will mich ändern
bleibt
anstrengend*

*doch wenn ich
mich auf den Weg mache und
meine Vorstellungen loslasse
davon wie ich sein müsste*

*mich Stück für Stück
sehen lerne
wie ich wirklich bin*

*dann geschieht
Veränderung*

*Wandel
geschieht
im Loslassen*

Anregung:
Machen Sie heute einen Spaziergang und richten Sie Ihre Aufmerksamkeit besonders auf den Satz: „Wandel geschieht im Lassen".

Nehmen Sie wahr, wo Ihnen dieser Prozess des Loslassens in der Natur überall begegnet.

7. Woche — Spüren

*Indem ich
spüren lerne
wahrnehme
achtsam bin
auf das
was mich wirklich bewegt
heute
jetzt
hier
finde ich
Zutrauen und
Mut
für meinen nächsten Schritt*

*ich muss nicht immer
alles
richtig machen
darf Umwege gehen
und
in mir
ruhen
mich selber lieben*

*und spüre
die Freiheit
dich
zu lieben*

Anregung:
Gönnen Sie sich heute im Lauf des Tages, bevor Sie die ein oder andere Handlung beginnen oder Entscheidung treffen, bewusst eine Minute lang Zeit, um nachzuspüren, was Sie gerade in dem Moment wirklich bewegt, was Sie spüren.

7. Woche — Landkarte

In den letzten Wochen haben Sie
so manches an sich und um sich herum
neu oder wieder entdeckt.

Gibt es neue Landschaften, die Sie
durchschritten haben – Berge, Täler …?
Welche Seen oder Meere haben Sie
befahren – vielleicht unbewohnte
Inseln entdeckt …?
Gab es Orte mit guter Fernsicht –
oder Tage im Nebel …?

Lassen Sie vor Ihrem inneren Auge
eine Landkarte entstehen,
auf der Ihr Weg eingezeichnet ist.

Anregung:
Gehen Sie einen Schritt weiter und skizzieren Sie Ihre Landkarte der letzten Wochen auf ein Papier – ohne den Anspruch der Vollständigkeit zu haben.

Das, was wichtig für Sie war, wird Ihnen jetzt oder zu einem späteren Zeitpunkt einfallen.

Abschlusstag — Fest

Hinweis:
Sie benötigen heute eine Tasse, Tee und heißes Wasser.

Feiern Sie heute ein kleines Fest.
Ein Fest
- als Belohnung für Ihr Durchhalten
- als Dank für alle Erfahrungen, die Sie gemacht haben,
- als Ermutigung für Ihren Weg.

Feiern Sie ein Fest der Achtsamkeit, ein Fest der Sinne.

Kochen Sie eine Tasse Tee und tun Sie dabei
alle nötigen Schritte langsam und ganz bewusst –
vom Wasser kochen bis zum Trinken.

Kochen Sie Ihren Tee mit allen Sinnen:
- Hören Sie das Wasser ...
- Riechen Sie den Duft ...
- Spüren Sie die Wärme ...
- Tun Sie alle noch so kleinen dazu nötigen
  Tätigkeiten langsam und bewusst ...

Auch in den letzten Wochen haben Sie den Becher
Ihrer Wahrnehmung und Ihrer Erfahrungen jeden Tag
ein Stück mehr gefüllt.

Trinken Sie Ihre Tasse Tee in diesem Bewusstsein.

Notizen

Notizen

Notizen

Notizen

Notizen

Notizen

Notizen

Notizen

Notizen

Notizen

Notizen

Zur Autorin

Petra Würth, Jahrgang 1966,
ist verheiratet mit dem Holzkünstler Erwin Würth,
hat zwei erwachsene Töchter und wohnt in
Petersbächel / Pfalz.

Sie ist gelernte Krankenschwester, seit 1989 als
Familienfrau und Gestalttherapeutin in freier Praxis tätig.

1996 entdeckte sie ihre Begabung, Situationen und
Gefühle in prägnante Worte zu fassen.

Weitere Veröffentlichungen von Petra Würth

Und nichts ist mehr, wie es war

Der Verlust eines geliebten Menschen löst eine innere Zerrissenheit aus und führt in eine nie gekannte Tiefe. In intensiven Texten und begleitenden Bildern sind hilfreiche Schritte zur Trauerbewältigung festgehalten.

Bildband, 64 Seiten, 21 x 21 cm,
Kawohl Verlag, Wesel, 2001, ISBN 3-88087-736-X

Ein Ort für meine Tränen

Viele Menschen müssen Trauerzeiten durchstehen. Wie kann das Leben weitergehen? Wo ist der Ort für meine Tränen, wer hat ein Ohr für meine Fragen? Das Buch von Petra Würth hilft, in der Sprachlosigkeit der Trauer Worte zu finden und Schritt für Schritt den Abschied zu bewältigen.

Bildband, 64 Seiten, 21 x 21 cm,
Kawohl Verlag, Wesel, 2006, ISBN 3-88087-745-0

Ein Wunder in unserer Mitte

In bewegenden Texten gelingt es Petra Würth, das unbeschreibliche Glücksgefühl einer jungen Mutter in Worte zu fassen.

Bildband, 48 Seiten, 17 x 17 cm, durchgehend bebildert.
Kawohl Verlag, Wesel, 2004, ISBN 3-88087-582-0

Ich wünsche Euch den Segen Gottes

Ein Buch voller guter Wünsche und kreativer Gedanken für den gemeinsamen Weg. Symbolhafte Bilder unterstreichen wirkungsvoll die Texte. Ein wunderschönes Geschenkbuch für zwei Menschen, die JA zueinander sagen und sich binden.

Bildband, 48 Seiten, 17 x 17 cm, durchgehend bebildert.
Kawohl Verlag, Wesel, 2004, ISBN 3-88087-583-9

Geschenkbände: Mein kleiner Gruß

Wunderschön gestaltete Geschenkbände mit gefühlvollen Texten von Petra Würth zu besonderen Anlässen. Bildband, 32 Seiten, 15 x 10,5 cm, Kawohl Verlag, Wesel,

Mein kleiner Gruß zum Geburtstag
2008, ISBN 978-3-88087-831-0

Mein kleiner Gruß zur Genesung
2008, ISBN 978-3-88087-832-7

Mein kleiner Gruß für liebe Menschen
2008, ISBN 978-3-88087-833-4

Mein kleiner Gruß für meine Mutter
2008, ISBN 978-3-88087-834-1

Mein kleiner Gruß zur Geburt
2009, ISBN 978-3-88087-836-5

Mein kleiner Gruß zum Entspannen
2009, ISBN 978-3-88087-837-2

Mein kleiner Gruß zum Trost
2009, ISBN 978-3-88087-838-9

Mein kleiner Gruß für meinen Vater
2009, ISBN 978-3-88087-839-6

Kalender: Mit Hand und Fuß

Sie werden überrascht sein, was wir mit unseren Händen und Füßen alles ausdrücken können. Originelle Momentaufnahmen von Anke Will, verbunden mit einfühlsamen, christlichen Texten von Petra Würth geben wertvolle Impulse, die der Seele gut tun.

Petra Würth & Anke Will "In seinen guten Händen"
Wandkalender 30 x 31 cm, Kawohl Verlag, Wesel, ISBN 3-88087-245-7

Petra Würth & Anke Will "Mit Hand und Fuß"
Postkarten-Kalender 16,5 x 16,5 cm, Kawohl Verlag, Wesel, ISBN 3-88087-140-X

Unsere Verlagsproduktion umfasst Bücher, Foto-Poster, Kalender, Karten usw.
Fragen Sie nach Kawohl-Produkten oder
fordern Sie Prospekte an.

www. kawohl .de